132631

D1385998

Collana di letture graduate per stranieri

diretta da
Maria Antonietta Covino Bisaccia
docente presso l'Università per Stranieri di Perugia

GIOVANNI BOCCACCIO

Federigo
e il suo falcone

Novella tratta dal
DECAMERON

a cura di
Maria Antonietta Covino Bisaccia
Maria Rosaria Francomacaro

EDIZIONI
GUERRA

ISBN 88-7715-224-9

Disegni di *Donatella Marri*

In copertina:
Miniatura di scuola fiamminga, attribuita a Guillebert de Mets, nel
"Decameron de Philippe le Bon". Parigi, Bibliothèque de l'Arsenal.

Indice

Andrea del Castagno, *Ritratto di Giovanni Boccaccio* (1450-1460 ca.), Firenze, Museo di S. Apollonia.

GIOVANNI BOCCACCIO

Giovanni Boccaccio nasce nell'estate del 1313 a Certaldo (o forse a Firenze) da Boccaccio di Chellino o Boccaccino, e da una donna di bassa condizione il cui nome non conosciamo.

Da ragazzo vive a Firenze con il padre, un mercante che lavora per la banca dei Bardi.

Nel 1328 il padre va a Napoli per lavoro e porta con sé anche il figlio. Qui Boccaccio comincia a lavorare come mercante. Ma questo lavoro non gli piace; ama molto di più, invece, la letteratura, e in particolare la poesia.

Il periodo napoletano diventa così il più felice della sua vita, ricco di interessi nuovi, di esperienze e di amori: nella chiesa di San Lorenzo a Napoli incontra Fiammetta, la donna amata di cui parlerà in molte delle sue opere.

La *Caccia di Diana,* le *Rime,* il *Filocolo,* il *Filostrato,* il *Teseida,* sono le opere che Boccaccio scrive durante il bel periodo napoletano.

Nel 1340 la banca dei Bardi chiude, e Boccaccio è costretto a tornare a Firenze, dove dal 1349 al 1351 lavora al *Decameron.* Questa è l'opera della piena maturità artistica dell'autore.

A Firenze incontra per la prima volta Francesco Petrarca; i due diventano amici e tra loro comincia un lungo e profondo rapporto. In seguito, lo stesso Petrarca impedirà al Boccaccio di distruggere il *Decameron,* quando l'autore, in piena crisi religiosa, sta per farlo.

La città di Firenze manda Boccaccio come ambasciatore in molte città italiane e durante questi viaggi il suo interesse principale rimane sempre la letteratura.

Alla fine, stanco e malato ritorna a vivere a Certaldo, dove rimane fino alla morte, avvenuta il 21 dicembre del 1375.

DECAMERON

Boccaccio scrive il *Decameron* tra il 1349 e il 1351 al ritorno da Napoli.

Il titolo viene dal greco e significa dieci giorni. Infatti l'opera raccoglie cento novelle raccontate da dieci giovani in un periodo di dieci giorni.

Questi giovani, sette ragazze e tre ragazzi, fuggono da Firenze a causa della peste del 1348 e si fermano per due settimane in una villa poco lontano dalla città. Per passare in maniera piacevole le giornate, i dieci giovani raccontano ogni giorno (ma non il venerdì e il sabato) una novella ciascuno su un argomento scelto dal re o dalla regina di quella giornata; solo il primo e il nono giorno sono liberi di scegliere l'argomento.

Boccaccio scrive questo libro per le donne che, nella società del suo tempo, passavano le giornate sempre in casa, solo in compagnia della loro famiglia, mentre gli uomini potevano uscire e avere tanti interessi e tante cose da fare.

L'opera presenta personaggi, ambienti e situazioni di tanti tipi diversi: l'amore cortese e l'amore fisico, l'intelligenza e la stupidità, la gioia e il dolore, la ricchezza e la povertà, la vita e la morte. Gli ambienti delle storie vanno dai giardini alle montagne, dalle case povere ai palazzi dei re, dalle città italiane a quelle dell'Oriente.

Nel *Decameron* il protagonista è l'uomo e il suo comportamento di fronte alle tre grandi forze che muovono il mondo: l'Amore, la Fortuna e l'Intelligenza.

Boccaccio scrive il *Decameron* nella lingua del '300, cioè l'italiano "volgare".

La versione qui proposta è, invece, in italiano contemporaneo.

Legenda:

Il trattino sotto alcune vocali vuole indicare la sillaba su cui cade l'accento tonico.
Di solito, però, in italiano l'accento tonico cade sulla penultima sillaba.

Federigo e il suo falcone

La nona *novella* del quinto giorno racconta la storia di *Federigo degli Alberighi*, che ama ma non è *riamato* e spende tutto il suo denaro per amore. Quando rimane povero e solo, va a vivere in compagnia di un *falcone* che, per necessità, dà da mangiare alla donna amata. Questo gesto spinge la donna a sposarlo e a farlo di nuovo ricco.

falcone

Federigo degli Alberighi è un giovane *fiorentino* di ricca famiglia, bravo con le armi e molto gentile.

Ama una delle donne più belle di Firenze, *monna* Giovanna. Per ottenere la sua attenzione e il suo amore, *or-*

---

novella breve storia
Federigo forma antica per Federico
degli Alberighi che appartiene alla famiglia degli Alberighi
riamare amare chi ci ama
fiorentino chi è di Firenze
monna parola usata nel Medioevo per 'signora'

ganizza feste, spende senza misura i suoi beni, prende parte a *tornei* e ad altri giochi *cavallereschi*.

In questo modo *consuma* tutto il suo denaro senza ottenere alcun risultato perché monna Giovanna, bella quanto *onesta*, mostra di non accorgersi nemmeno di lui.

Quando finisce il denaro, Federigo non può continuare a vivere nello stesso modo, cioè da persona molto ricca, in città, ed è costretto ad andare a vivere in una sua casa in campagna, a *Campi Bisenzio*.

Porta con sé solo il suo amato falcone, che è uno dei migliori al mondo.

organizzare preparare
torneo spettacolo d'armi nel Medioevo
cavalleresco del cavaliere
consumare qui, spendere
onesto che vive in maniera morale
Campi Bisenzio piccolo paese poco lontano da Firenze

Lì passa le sue giornate in compagnia unicamente del falcone, con cui va a *caccia*, e *sopporta* in silenzio la sua povera condizione senza domandare aiuto a nessuno.

Un bel giorno il marito di monna Giovanna *si ammala* di una malattia molto grave.

Quando sente che la morte si avvicina, fa *testamento*. E' molto ricco e decide di lasciare il suo denaro al figlio, oramai abbastanza grande; e, nel caso di morte *prematura* del figlio, a sua moglie, che ha tanto amato.

Il marito muore e, dal momento che è rimasta *vedova*, monna Giovanna si occupa soltanto di suo figlio.

Come tutte le donne di Firenze, è solita passare l'estate in campagna con il figlio, in una casa che non è lontana da quella di Federigo.

Qui il ragazzo incontra Federigo e diventa suo amico. Insieme a lui si diverte con gli *uccelli* ed i cani; in particolare gli piace molto il falcone, perché riesce a prendere gli altri uccelli mentre *volano* e li porta subito ai piedi del padrone.

becco

penna

zampa

uccello

caccia l'arte di prendere o uccidere gli animali
sopportare accettare qualcosa (per es. il dolore, le difficoltà, ecc.)
ammalarsi prendere una malattia
testamento atto scritto con cui una persona decide a chi lasciare i propri beni dopo la morte
prematuro che accade prima del tempo previsto
vedova donna a cui è morto il marito
volare muoversi nell'aria (come gli uccelli, gli aerei, ecc.)

Il ragazzo vorrebbe averlo ma non ha il coraggio di chiederlo a Federigo perché sa che gli è molto caro.

Un giorno, però, il ragazzo si ammala.

La madre ne soffre molto sia perché lo ama troppo e sia perché è l'unica persona cara che le è rimasta. Gli sta accanto tutto il giorno e spesso gli chiede se desidera qualcosa che può fargli piacere e farlo stare meglio. Lei farà tutto il possibile per fargliela avere.

Alla fine il ragazzo le dice:

"Madre mia, credo che starò meglio se potrò avere il falcone di Federigo!"

Di fronte a questa *richiesta* monna Giovanna comincia a pensare come fare per raggiungere lo scopo.

Sa che Federigo l'ha amata per lungo tempo senza successo, e quindi si domanda se è giusto chiedergli quel falcone che è per lui l'unica compagnia, la sola ragione di vita e l'unico piacere.

Alla fine, però, vince l'amore per il figlio; così decide di *accontentarlo* e di andare personalmente da Federigo a chiedergli il falcone.

Il ragazzo, felice, subito mostra di stare meglio.

La mattina dopo monna Giovanna, in compagnia di un'altra donna, va fino alla casa di Federigo come per una passeggiata, e lo fa chiamare.

Federigo è nei campi e, poiché è finita la stagione della caccia, controlla il lavoro dei contadini.

Quando sente che monna Giovanna lo desidera, corre felice verso di lei e la saluta con rispetto.

La donna risponde al saluto e poi dice:

"Salve, Federigo. Vengo a far*vi* questa visita per ren-

---

richiesta domanda
accontentare fare contento qualcuno
vi a voi; "voi" è un'antica forma di cortesia usata invece del Lei; nel Sud dell'Italia, ancora oggi il suo uso è abbastanza comune

dervi, un po' in ritardo, la *gentilezza* che mi avete mostrato quando mi avete amata per lungo tempo senza speranza. Oggi, insieme con la mia compagna, voglio rimanere a pranzo da voi."

"Monna Giovanna - risponde Federigo - l'amore che ho provato per voi mi ha reso felice e anche adesso *rifarei* tutto quello che ho fatto in passato e spenderei tutti i miei beni. Ma ora questa casa è molto povera. Vi prego di sedervi in giardino mentre io metto un po' di ordine e organizzo il pranzo. La moglie del mio contadino terrà compagnia a voi e alla vostra compagna."

Così Federigo va in cucina ad ordinare il pranzo, ma si accorge che non c'è niente da portare in tavola e che non ha neppure il denaro per comprare qualcosa, a meno di chiederlo al suo contadino o ad altre persone, cosa che non vuole fare perché troppo *umiliante*.

gentilezza l'essere gentile
rifare fare di nuovo
umiliante che mostra la propria condizione povera, difficile

Mentre si guarda ancora intorno alla ricerca di qualcosa da offrire alle due donne, il suo sguardo cade sul falcone.

Senza pensarci due volte, lo prende, gli tira il collo, e ordina di *spennarlo* e *cucinarlo allo spiedo*. Intanto mette sulla tavola la *tovaglia* bianca più bella che gli è rimasta e con viso contento ritorna in giardino a chiamare le signore perché il pranzo è pronto.

spiedo

Le due donne si alzano e vanno a tavola, dove Federigo le serve con rispetto e con amore.

E così, insieme con lui mangiano, senza saperlo, il falcone.

Quando finiscono di mangiare, si alzano da tavola, e monna Giovanna dà inizio ad una *piacevole* conversazione.

spennare togliere le penne (di un uccello)
cucinare allo spiedo vedi illustrazione
tovaglia vedi illustrazione a p. 19
piacevole che dà piacere

Ma dopo un po', quando oramai le pare il momento giusto, dice a Federigo:

"Ora devo dirvi la vera ragione per cui sono venuta qui. Certamente nel passato voi mi avete giudicata dura e cattiva verso di voi, ed ora potrà sembrarvi strano che proprio io vengo a chiedervi qualche cosa.

Ma le persone che non hanno figli non possono capire cosa, chi li ha, è pronto a fare per loro. Io ne ho uno, e non posso evitare di *comportarmi* come tutte le altre mamme. Voi, che pure non avete figli ma siete un uomo di grandi sentimenti, forse potrete capirmi.

E' per mio figlio che sono venuta qui a chiedervi un piacere che non potrete farmi *facilmente* perché riguarda la cosa più cara e bella che possedete: il falcone.

Mio figlio sta male e, se non avrà il vostro falcone, potrà anche morire. Perciò vi prego, non in nome dell'amore che provavate per me, ma per la vostra *nobiltà d'animo*, di darmi questo falcone.

Mio figlio starà di nuovo bene e vi ringrazierà per tutta la vita."

Federigo, quando sente la richiesta, pensa al falcone che ha appena servito a tavola e comincia a piangere in silenzio.

Monna Giovanna crede che il giovane piange per il dolore al pensiero di doversi dividere dal suo amato falcone ed è quasi pronta a dirgli che non lo vuole più.

Federigo allora le rivolge queste parole:

"Monna Giovanna, da quando ho cominciato ad amarvi la fortuna mi è stata contraria in molte occasioni. Ma forse è mio destino non stare mai in pace con lei.

---

comportarsi fare le cose in un certo modo
facilmente in modo facile
nobiltà d'animo essere grande nello spirito

tovaglia

Quando ero ricco, non siete mai entrata nella mia casa; adesso, che ci siete venuta per chiedermi un piccolo piacere, io non posso farvelo.

E ora vi dirò perché.

Dovete sapere che appena siete arrivata e mi avete detto che desideravate mangiare con me, per rispetto verso di voi ho pensato di cucinare la cosa di maggior valore che avevo: il falcone. E così ve l'ho servito a tavola, messo con cura sul *tagliere*.

Ma ora so che voi lo desideravate in un modo molto diverso, cioè vivo, e penso che non potrò mai darmi pace."

tagliere vedi illustrazione a p. 20

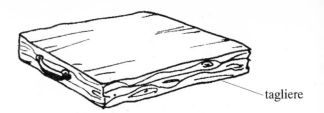

tagliere

Poi va in cucina, prende le *penne*, le *zampe* e il *becco* del falcone e li mostra a monna Giovanna.

Questa prima lo *rimprovera* perché ha ucciso un uccello così bello per dar da mangiare ad una donna, ma poi, in cuor suo, capisce il gesto *generoso* e la *grandezza d'animo* di Federigo.

Quindi, *triste* e senza speranza, torna a casa da suo figlio che, con suo grande dolore, dopo alcuni giorni muore, non si sa se per la malattia o perché non ha potuto avere il falcone.

Monna Giovanna è oramai rimasta sola ma, poiché è ancora giovane e molto ricca, i suoi fratelli le danno il consiglio di sposarsi con un altro uomo.

Anche se i fratelli fanno di tutto per convincerla a prendere marito, lei non si decide.

Alla fine però, stanca di sentirsi ripetere sempre la stessa cosa, si ricorda del valore e dell'ultimo gesto generoso di Federigo, e decide di sposarlo.

"Fratelli miei - dice monna Giovanna - io vorrei rimanere sola, ma se proprio devo sposarmi, non sposerò altro uomo che Federigo degli Alberighi."

---

penna, zampa, becco vedi illustrazione a p. 13
rimproverare dire a una persona che non ha fatto bene qualcosa, non si è comportata bene
generoso chi dà molto senza chiedere nulla
grandezza d'animo qui, l'essere grande nell'animo, nello spirito
triste chi non è contento

Ma i fratelli le rispondono:

"Che cosa dite mai? Come potete sposare un uomo che non ha nulla al mondo?"

Riprende allora monna Giovanna:

"So bene che Federigo è molto povero, ma preferisco un uomo che ha bisogno di *ricchezza* ad una ricchezza che ha bisogno di un uomo."

Dopo questo discorso i fratelli, che conoscono Federigo da lungo tempo, si convincono e gli danno la sorella in moglie.

Da quel giorno in poi Federigo vive ricco e felice con la sua amata monna Giovanna, e diventa *amministratore* più attento dei loro beni.

ricchezza denaro e beni di grande valore
amministratore chi si prende cura dei beni di qualcuno

Esercizi

1. Vero / Falso

	V	F
1. Il marito di monna Giovanna muore.	❏	❏
2. Il marito di monna Giovanna è molto povero.	❏	❏
3. Il ragazzo vuole il falcone.	❏	❏
4. Monna Giovanna chiede il falcone a Federigo.	❏	❏
5. Federigo prepara il pranzo.	❏	❏
6. Durante il pranzo monna Giovanna comincia a parlare.	❏	❏
7. Federigo piange perché non può più dare il falcone a monna Giovanna.	❏	❏
8. Secondo i fratelli, monna Giovanna deve sposare Federigo.	❏	❏

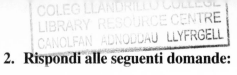

2. Rispondi alle seguenti domande:

1. Che cosa racconta questa novella?

_____

_____

2. Chi è Federigo degli Alberighi?

_____

_____

3. Chi è monna Giovanna?

_____

_____

4. Perché Federigo diventa povero?

_____

_____

5. Che cosa accade al marito di monna Giovanna?

_____

_____

6. Dove va d'estate monna Giovanna?

_____

_____

7. Perché al figlio di monna Giovanna piace il falcone?

_____

_____

8. Perché Federigo uccide il falcone?

_____

_____

3. Ricostruisci la storia

1. Il figlio di monna Giovanna muore e i fratelli le chiedono di sposarsi di nuovo.

2. Monna Giovanna va a casa di Federigo per pranzare con lui; Federigo uccide il falcone e lo fa cucinare allo spiedo.

3. Federigo vive a Firenze ed è innamorato di monna Giovanna, una donna già sposata.

4. Un giorno il figlio di monna Giovanna conosce Federigo e diventano amici.

5. Monna Giovanna decide di sposare Federigo: da allora vivono felici e contenti.

6. Per monna Giovanna spende tutto il suo denaro, diventa povero e va a vivere in campagna con il suo falcone.

7. Il ragazzo si ammala e chiede alla madre di avere il falcone di Federigo.

8. Quando suo marito muore, monna Giovanna, durante l'estate, va a vivere in campagna con il figlio.

9. Federigo è triste perché non può dare il falcone alla sua amata donna.

10. Dopo pranzo monna Giovanna chiede a Federigo il falcone per il figlio che è malato.

L'ordine giusto è: 3, _____

4. Completa con i pronomi diretti

1. Federigo ha un bel falcone e _____ porta con sé in campagna.

2. Il falcone riesce a prendere gli altri uccelli in volo e _____ porta al padrone.

3. Le giornate di Federigo sono molto lunghe perché lui _____ trascorre da solo in compagnia unicamente del falcone.

4. Federigo ha amato monna Giovanna per lungo tempo e ancora _____ ama.

5. "Madre mia, _____ prego di chiedere il falcone a Federigo."

6. Monna Giovanna vuole molto bene al figlio e quindi decide di far____ contento e chiedere il falcone a Federigo.

7. "Federigo, voi forse potrete capir_____."

8. Federigo va a chiamare le signore e dice: "Signore, _____ prego di seder_____ a tavola con me."

5. Completa con i pronomi indiretti

1. Il figlio di monna Giovanna gioca con tutti gli uccelli, ma ____ piace soprattutto il falcone di Federigo.

2. Monna Giovanna va da Federigo e lui ____ dà da mangiare il falcone.

3. Federigo è triste perché monna Giovanna vuole il falcone e lui non può far____ questo piacere.

4. Federigo dice che la fortuna non ____ è mai stata amica.

5. "Per rispetto verso di voi ho deciso di cucinar____ il mio falcone", dice Federigo a monna Giovanna.

6. Monna Giovanna è nel giardino di Federigo e la moglie del contadino ____ fa compagnia.

7. Federigo dice a monna Giovanna e alla sua compagna: "Signore, vorrei chieder____ di aspettare in giardino mentre ordino il pranzo."

8. I fratelli consigliano a monna Giovanna di risposarsi, ma monna Giovanna ____ risponde di voler rimanere sola.

6. Qual è la forma giusta?

1. Luca e Mario sono in giardino: adesso (li, gli) _____ chiamo.

2. L'insegnante di francese ha parlato con mia madre e (gli, le) _____ ha detto che sono brava.

3. Luca ha qualche difficoltà e noi (gli, ci) ____ daremo il nostro aiuto.

4. Irene e Claudia ti salutano: (li, le) ____ ho incontrate alla stazione.

5. Claudia non ha mai fame, non (le, gli) ____ piacciono neppure i dolci.

6. Ho visto i tuoi fratelli e (gli, li) ____ ho detto di arrivare prima la prossima volta.

7. Ieri ho incontrato Mario e ____ ha invitata al bar.

8. Giovanni, _____ ho detto tante volte di non aprire la porta.

7. Completa le frasi con gli aggettivi possessivi

1. Federigo ama monna Giovanna. Per avere la _____ attenzione spende tutto il ____ denaro.

2. Prima di morire, il marito di monna Giovanna lascia i ____ beni al figlio.

3. Monna Giovanna e il figlio vanno a vivere in campagna. La ____ casa è vicina a quella di Federigo.

4. Monna Giovanna è triste perché ____ figlio è malato.

5. Tutte le mamme amano molto i ____ figli e Federigo, anche se non ha figli, potrà capire i ____ sentimenti.

6. Quando muore ____ figlio, monna Giovanna rimane sola al mondo.

7. Monna Giovanna non vuole risposarsi, ma i ____ fratelli lo vogliono.

8. Monna Giovanna sposa Federigo e divide con lui le ____ ricchezze.

8. Con gli aggettivi dati in parentesi forma gli avverbi corrispondenti, come nell'esempio:

> ricco   - *riccamente*
> difficile - *difficilmente*

1. Quell'uomo si comporta (giusto) _____ e (serio) _____ .

2. Quella luce ha illuminato (improvviso) _____ tutta la camera.

3. Luisa mi ha detto (chiaro) _____ la sua opinione.

4. Avranno (certo) _____ bisogno del nostro aiuto.

5. Ho risolto (facile) _____ il problema.

6. Oggi la situazione è (leggero) _____ più grave di ieri.

7. Quell'uomo ha parlato (diverso) _____ da come ci aspettavamo.

8. Monna Giovanna chiede (inutile) _____ il falcone a Federigo.

9. **Sostituisci l'espressione in corsivo con l'avverbio corrispondente, come nell'esempio:**

> Leggi *con attenzione* questa frase.
> Leggi *attentamente* questa frase.

1. Ho incontrato *per caso* /_____ Antonella in piazza.

2. Mi piace lo sport, *in particolare* /_____ la pallavolo.

3. Raccontami *in breve* /_____ la storia della tua vita.

4. *In media* /_____ a Napoli piove 90 giorni all'anno.

5. Ti ho aspettato *a lungo* /_____ e poi me ne sono andata.

6. *In generale* /_____ gli italiani mangiano la pasta una volta al giorno.

7. Piove di nuovo! *Per fortuna* /_____ ho preso l'ombrello.

8. Quella casa *all'interno* /_____ è molto piccola.

10. Completa le seguenti frasi, come negli esempi:

> Oggi non ho mangiato *né* pasta *né* pane.
> Mi piace *sia* il mare *che* la montagna.

1. Federigo non ha _____ denaro _____ qualcosa da mangiare.

2. Federigo ama prendere parte _____ alle feste _____ a tornei.

3. Il figlio di monna Giovanna gioca e si diverte _____ con gli uccelli _____ con i cani.

4. Monna Giovanna è _____ bella _____ onesta.

5. Monna Giovanna resta sola perché muoiono _____ il marito _____ il figlio.

6. Federigo non ha _____ moglie _____ figli.

7. Poiché il falcone è morto, Federigo non può _____ darlo a monna Giovanna _____ andare ancora a caccia.

8. Dopo che si è sposato con monna Giovanna, Federigo vive _____ ricco _____ felice.

11. Completa le frasi con le seguenti parole:

> *figlio - suocero - marito - suocera*
> *nipote - cognato - zia - nonna*

1. Leo ha sposato Giulia. Leo è il _____ di Giulia.

2. Mario è il fratello di Leo. Mario è il _____ di Giulia.

3. Il padre di Leo si chiama Giorgio. Giorgio è il _____ di Giulia.

4. Leo e Giulia hanno una figlia di nome Silvia. Silvia è la _____ di Giorgio.

5. La madre di Leo si chiama Maria. Maria è la _____ di Silvia.

6. Leo è il _____ di Giorgio e Maria.

7. Per Giulia la madre di Leo è sua _____ .

8. La sorella di Leo si chiama Lucia. Lucia è la _____ di Silvia.

12. Completa la tavola con i nomi di città o con gli aggettivi corrispondenti, come nell'esempio:

Città	Aggettivo
Firenze	*fiorentino*
Milano	
	napoletano
	perugino
Siena	
	romano
Venezia	
Torino	
Bari	
	sorrentino
Ancona	
	aretino
Palermo	
	cosentino
Bergamo	

13. **La maggior parte dei verbi che cominciano con** *ri-* **indicano una ripetizione dell'azione** (per es. *ri*amare, *ri*fare, ecc.).

Tra i verbi che seguono sottolinea solo quelli che hanno questo significato.

riammalarsi	ricevere
richiamare	ricominciare
riconoscere	ricordare
ricucire	ridere
rifare	rileggere
rimanere	rimettere
rimproverare	ringraziare
riordinare	riorganizzare
ripagare	ripassare
ripensare	ripetere
riscrivere	risolvere
rispondere	risposarsi
ritenere	ritirare
ritrovare	rivedere
rivelare	ripartire

14. Scegli 5 verbi dall'esercizio precedente e scrivi una frase per ogni verbo

1. _____

2. _____

3. _____

4. _____

5. _____

Conosci altri verbi che cominciano con il prefisso *ri-* ?

_____

_____

_____

_____

_____

_____

_____

_____

15. Quali sono i nomi che puoi formare con i seguenti aggettivi?

Se non li conosci puoi cercarli nel dizionario.

Aggettivo	Nome
grande	*grandezza*
nobile	
bello	
vero	
felice	
buono	
possibile	
povero	
gentile	
onesto	
ricco	
malato	
stanco	
generoso	
attento	

16. Completa con le forme adatte dei seguenti verbi:

> amare - andare - controllare - correre - desiderare
> - dire - essere (2 volte) - fare (2 volte) - finire -
> mettere - mostrare - organizzare - pregare - prova-
> re - rendere - rifare - rispondere (2 volte) - saluta-
> re - sentire - spendere - tenere - venire - volere

La mattina dopo monna Giovanna, in compagnia di un'altra donna, _____ fino alla casa di Federigo come per una passeggiata, e lo _____ chiamare.

Federigo _____ nei campi e _____ il lavoro dei contadini, in quanto la stagione della caccia _____ _____.
Quando _____ che monna Giovanna lo _____, _____ felice verso di lei e la _____ con rispetto.
La donna _____ al saluto e poi _____:

"Salve, Federigo. _____ a farvi questa visita per rendervi, un po' in ritardo, la gentilezza che mi _____ _____ quando mi _____ _____ per lungo tempo senza speranza. Oggi, insieme alla mia compagna, _____ rimanere a pranzo da voi."

"Monna Giovanna - _____ Federigo - l'amore che _____ _____ per voi mi _____ _____ felice e anche adesso _____tutto quello che _____ _____ in passato e _____ tutti i miei beni. Ma ora questa casa _____ molto povera. Vi _____ di sedervi in giardino mentre io _____ un po' di ordine e _____ il pranzo. La moglie del mio contadino _____ compagnia a voi e alla vostra compagna."

17. Riempi gli spazi vuoti

Monna Giovanna deve chiedere il falcone _____ Federigo per suo figlio che è _____. Perciò una mattina, in compagnia di _____ amica, va a casa di Federigo e lo fa chiamare.

Federigo, che è _____ a controllare il lavoro nei campi, _____ subito corre verso la donna e _____ saluta con rispetto. Quando sente che _____ desidera rimanere a pranzo da lui, _____ preoccupa di ordinare un buon pranzo _____ per monna Giovanna che per la sua _____ . Federigo, però, è oramai così povero _____ non ha niente da offrire alle _____ donne.

Decide allora di uccidere il _____ e di farlo cucinare allo spiedo. _____ prende la tovaglia bianca più bella _____ ha, la mette sulla tavola e _____ va a chiamare le due donne _____ aspettano in giardino. Le fa sedere _____ tutti insieme mangiano, senza saperlo, il _____ falcone.

18. Completa le seguenti definizioni:

1. Un falcone è _____

_____

2. Una malattia è _____

_____

3. Una passeggiata è _____

_____

4. Il pranzo è _____

_____

5. La tavola è _____

_____

6. La conversazione è _____

_____

7. Un marito è _____

_____

8. Un contadino è _____

_____

Chiavi

Esercizio 1
Vero: 1, 3, 4, 7.   Falso: 2, 5, 6, 8.

Esercizio 2
1. La storia di Federigo degli Alberighi.
2. È un giovane fiorentino di ricca famiglia.
3. È una delle donne più belle di Firenze / è la donna che Federigo ama.
4. Perché spende senza misura i suoi beni.
5. Si ammala di una malattia molto grave e muore.
6. Va in campagna con il figlio.
7. Perché riesce a prendere gli altri uccelli mentre volano.
8. Perché non ha niente altro da offrire per pranzo a monna Giovanna e alla sua compagna.

Esercizio 3
3, 6, 8, 4, 7, 2, 10, 9, 1, 5.

Esercizio 4
1. lo 2. li 3. le 4. la (l') 5. vi 6. lo 7. mi 8. vi, vi.

Esercizio 5
1. gli 2. le 3. le 4. gli 5. vi 6. le 7. vi 8. gli.

Esercizio 6
1. li 2. le 3. gli 4. le 5. le 6. gli 7. mi 8. ti.

Esercizio 7
1. sua, suo 2. suoi 3. loro 4. suo 5. loro, loro 6. suo 7. suoi 8. sue.

Esercizio 8
1. giustamente, seriamente 2. improvvisamente 3. chiaramente 4. certamente 5. facilmente 6. leggermente 7. diversamente 8. inutilmente.

Esercizio 9
1. casualmente 2. particolarmente 3. brevemente 4. mediamente
5. lungamente 6. generalmente 7. Fortunatamente 8. interna-
mente.

Esercizio 10
1. né...né 2. sia...che 3. sia...che 4. sia...che 5. sia...che 6. né...né
7. né...né 8. sia...che.

Esercizio 11
1. marito 2. cognato 3. suocero 4. nipote 5. nonna 6. figlio
7. suocera 8. zia.

Esercizio 12
milanese; Napoli; Perugia; senese; Roma; veneziano; torinese;
barese; Sorrento; anconetano; Arezzo; palermitano; Cosenza;
bergamasco.

Esercizio 13
riammalarsi, richiamare, ricominciare, riconoscere, ricucire, rifare, rileggere, rimettere, riordinare, riorganizzare, ripagare, ripas-
sare, ripensare, riscrivere, risposarsi, ritenere (raro), ritirare, ri-
trovare, rivedere, rivelare (raro), ripartire.

Esercizio 14
Non c'è chiave perché le risposte sono libere.

Esercizio 15
nobiltà; bellezza; verità; felicità; bontà; possibilità; povertà;
gentilezza; onestà; ricchezza, malattia, stanchezza, generosità,
attenzione.

Esercizio 16
va; fa; è; controlla; è finita; sente; desidera; corre; saluta;
risponde; dice; vengo; avete mostrato; avete amata; voglio;
risponde; ho provato; ha reso; rifarei; ho fatto; spenderei; è;
prego; metto; organizzo; terra.

Esercizio 17
a/di; ammalato/malato; un'; occupato; felice; la; lei/Giovanna; si;
sia; compagna; che; due; falcone; intanto; che; poi; che; e; bel.

Esercizio 18
Non c'è chiave perché è possibile dare risposte diverse.

Finito di stampare nel mese di gennaio 2004
da Guerra guru s.r.l. - Via A. Manna, 25 - 06132 Perugia
Tel. +39 075 5289090 - Fax +39 075 5288244
E-mail: geinfo@guerra-edizioni.com